就业和结婚，前途...比那些更具现实的问题

在卫生间
舒服地
读的
基督教
故事

뚱 싸면서
읽는
기독교 이야기
(한중판)

글 차성진 · 그림 이단비 · 번역 진보라

KB200278

아바서원

덕정의 아이들에게
맘 깊이 감사를 표하며

在此向德定的孩子们致以深深的谢意

1篇

1부

虽然对"我定会幸福的"这句话没有很坚定的信心,
但相信只要我一直努力走这条路的话。

'나는 행복할 수 있을 거다'라는 굳센 믿음까진 아니어도,
이대로 이 길을 열심히 걸어가다 보면

相信幸福总有一天会降临。
因为一直认为那是理所当然的人生道理。

마땅히 행복이 찾아올 거라고 생각했다.
그게 당연한 삶의 이치라고 생각했다.

但是某一天,
听到这条路尽头有先到的人的惨叫声。

그런데 어느 날,
이 길 끝에 먼저 도착한 사람들의 비명소리를 들었다.

他们用非常恳切的声音,
他们高喊着"这里并不幸福"

그들은 아주 간절한 목소리로
'이곳은 행복하지 않다'고 외치고 있었다.

从那时起,我突然开始害怕。

그때부터 문득 두려웠던 것 같다.

也许幸福就好比
我们无法到达彩虹的起点。

어쩌면 행복은 우리가 도달할 수 없는
무지개의 시작점 같은 건 아닐까?

다들 한 번쯤
'교회'에 대해서
들어봤지??

大家应该都听过'教会'吧?

教会已不再是陌生的存在,

이제 더 이상 교회는 낯선 존재가 아니니까.

공동묘지냐... ;;;

(是公共墓地吗...)

在新闻和大众媒体中也经常报道教会的消息。

뉴스나 대중 매체 역시
교회 이야기들을 많이 다루잖아??

"如果新闻里播出有关教会的消息,牧师会定很高兴吧!"

"그럼 목사님은 뉴스에 교회가 나오면
반가우시겠어요!"

才怪...

아니...;;;

(啊啊...又是谁干了啥坏事?)

虽然心里不好受,
但有关教会不好的新闻很多
却是事实,

마음 아프지만 안 좋은 교회 뉴스가
많은 건 사실이니까.

但我想说的并不是这些新闻中的教会故事。

그런데,
이런 뉴스 속의 교회 이야기가 아니라

我想说的是有关基督教的故事。

나는 지금 기독교 이야기를 해보려고 해.

不是美式咖啡，
也不是拿铁咖啡，
而是咖啡的浓缩原液。

아메리카노, 카페라테가 아닌
에스프레소 원액처럼,

**我想讲的是《圣经》中，
耶稣基督所谓的真正基督教。**

성경이 말하고, 예수가 말하는
진짜 기독교 이야기를 하려고.

在我们的生活,为什么需要耶稣,
'十字架'又具有什么含义,
《圣经》又是如何看待我们的。

우리 삶에 예수가 왜 필요한지,
'십자가'가 뭐 그리 대단한 일인지,
성경은 우리를 어떻게 바라보는지

还有

그리고

'我为什么想向你介绍耶稣'

'왜 너에게 예수를 소개하고 싶은지'

的理由,

시작해볼게.

《圣经》在讲述我们现实生活的时候，

성경은 우리의 현실을 설명하는데

用的都是较刺耳的语句。

꽤 강한 단어를 사용하고 있어.

那就是所谓的苦。

바로 비참함이야.

"我真是苦啊!
谁能救我脱离这取死的身体呢?"
-罗马书 7章24节

"아 나는 비참한 사람입니다.
누가 이 죽음의 몸에서 나를 건져주겠습니까?"
-로마서 7장 24절

'我们很苦吗?'

'우리가 비참하다고?'

我相信这点不会轻易被认同,

쉽게 공감되진 않을 수도 있어

那我来问你,

내가 한 가지
질문을 가져와볼게

人究竟能得到幸福吗?

사람은 과연 행복할 수 있을까?

'说什么呢, 当然可以啊'

'엥? 당연히 가능하지'

一般的人都是这么想的,
但需要的是有一些前提条件

보통 우리는 이렇게 생각해.
대신 전제가 좀 붙지

'我还没有〇〇，
我要是有〇〇的话就好了！'

'내가 아직 〇〇이 없는데,
〇〇만 있으면 난 행복할 거야!'

一般每个人都会这么说

이렇게 말야

所以当今的每个人都在我定会幸福的
信仰之下努力的奔跑着。

그래서 오늘도 다들 행복할 수 있을 거란 믿음 아래
열심히 달려가고 있어.

但...

그런데 말야...

最近发生了一件让所有人对该想法
需重新看待的事件。

이 모든 생각을 뒤집어 준 사건이
최근에 일어났었어.

那就是年仅28岁
的某有名歌手的离世，
因为他表面看起来非常幸福，
所以他的突然离世对每个人的冲击会更大，

바로 28살 어느 유명한 가수의 죽음이었어.
너무나 행복해 보이는 사람이었기에
모두의 충격은 더욱 더 컸지

可以说他拥有了每个人都渴望得到的所有东西。

그는 세상 모두가 갈망하는 것을
다 가져봤다고 할 수 있을 거야.

花不完的钱,世界性的人气和名誉,歌坛1位,
还有从无数人那里得到的关爱…

어마어마한 돈, 세계적인 인기와 명예, 업계 최고의 성공,
수많은 사람에게 받는 사랑…

但他留给世人的一句话却是
"不幸"。

그런 그가 세상에 남긴 한 마디는
'불행하다' 였어.

好比类似这种感觉。
我们所有人一起向一个名叫
'幸福'的地方...

마치 이런 느낌이 들었어.
우리 모두가 '행복'이라는 목적지를 향해서
함께 걸어가는데...

(努力向前吧!)
열심히 갑시다!

(什么时候到啊)
언제쯤 도착하려나

(这条路的尽头会
有幸福吧?)
이 길 끝에 가면
행복이 있겠죠?

其中的一个人最先
跑到了尽头

어떤 사람이 먼저
끝을 향해 달려가는 거야

可是过了不久，
突然听到前面有人在喊

그런데 얼마 후 갑자기 저 앞에서
외치는 소리가 들리는 거야

(朋友们!!!)

> "얼른 돌아가세요!
> 여기에는 행복이 없어요!
> 이곳이 목적지가 아니었어요!!!
>
> "快回去吧!
> 这里并没有幸福!
> 这边并不是尽头!!"

先到达尽头的那个人转身看
着我们恳切地呼喊

저 멀리 먼저 목적지에 도착한 그 사람이
뒤돌아서 우릴 보고 간절하게 소리치는 거였어

"

나도 뭐가 답인지는 모르겠어요! 근데, 일단 여기는 아니였어요!!

"

("我也不知道正确的答案是什么!
的这里并不是!")

当所有人都渴望的一切好不容易得到手之后

모두가 갈망한 모든 것을 겨우겨우 손에 넣어봤지만

但知道其中却没有我最期待的"幸福"之后，又
会是多么的沮丧呢！

정작 그 안에 내가 가장 바라던 '행복'이 없다는 건
엄청난 허무였을 거야.

你们觉得呢?

너희들은 어떻게 생각하니?

大多数人觉得?只要得到自己想要的东西,
就能幸福。

사람들은 자신이 원하는 것을 얻으면
행복할 수 있다고들 생각해.

也许今天街道上依旧是那些为了得到想要的
东西而行动的人

아마 오늘도 거리에는
원하는 것을 얻으려 움직이는 사람들로 가득하겠지,

행복해질 수 있다는
희망 아래 말이야

在想变得幸福的希望之下

接着俗世就会对我们说

그리고 세상은 우리에게 말해

'努力过日子吧'

'열심히 살라'고 말야

但这个貌似是在
'努力过日子'之前的问题

근데 이건 '열심히 사는 것'
그 전의 문제인 것 같아

即便得到了所有的东西，
也'没有幸福'

그 모든 것을 얻어도 '행복은 없다는 것'

这恳切的呐喊，
今天依然有人用死亡来诉说，

이 간절한 외침을
오늘도 누군가 죽음으로 말하고 있고

我们每天都可在新闻中去证明这些。

그걸 우린 뉴스에서 매일 확인하고

대만 재벌가 싸움

（台湾富豪之争）

유명 배우의 선택

（著名演员的最终选择）

再来确认一下哈

또 확인하지

我们是因什么不能幸福呢?

우린 무엇 때문에 행복하지 못할까?

围绕我们的生活的苦的原因又是什么呢?

우리 삶을 둘러싸고 있는 비참함의 원인은 뭘까?

小组分享
소그룹 나눔 질문

· **具备幸福所有条件的人, 为什么说自己不幸呢?**
행복의 조건을 모두 갖춘 사람들이, 행복하지 않다고 말하는 이유는 뭘까?

_____

_____

· **最终, 我能收获幸福吗?**
나는 그들과 달리 행복할 수 있을까?

_____

_____

一篇

2부

人与人之间互相碰撞,
似乎学到了很多看似善良的办法。

사람들 사이에서 몸을 부딪히고 살다보니
착해 보이는 법은 잘 배운 것 같다.

因为假装不生气, 假装不嫌麻烦, 假装不讨厌,
假装不贪心, 假装爱干净就行。

화나지 않은 척, 귀찮지 않은 척,
싫지 않은 척, 욕심 없는 척, 더럽지 않은 척하면 되니까.

最终还是得把自己隐藏好,
只有那样才会看起来像个善良的人。

결국 나를 잘 숨기면 착한 사람이 되는 것 같다.

因此, 有时候会担心, 要是突然有天有人发现
"我的真面目" 的时候该怎么办。

그러다보니, 문득 누군가 '진짜 나'를 알면 어떡하나
걱정이 밀려올 때가 있다.

如果连我自己都觉得厌恶的面目被人发现的话,

나조차도 가끔은 혐오스러운
내 안의 악함을 누군가 알게 된다면

那就会暴露我并不是个 '善良的人'。

나는 '착한', '사람'이 아닌 것이 드러나겠지.

我想问大家一个问题
人本恶还是本善呢?

흥미로운 질문 하나 해볼게
사람은 악할까 선할까?

肯定会有人说
'有坏人的反面, 也有善良的人'

'악한 사람도 있고 선한 사람도 있지 뭐'
라고 생각할텐데

那我再问一个具体点的

그럼 질문을 좀 더 구체적으로 해볼게

你是好人还是坏人呢?

너는 선한 사람이니 악한 사람이니?

如果你的答案模棱两可的话,
那就让我简单的
帮你解决这个问题。

만약에 답이 헷갈린다면 쉽게 답을 찾도록 도와줄게

我会问你一个问题！
当读完这个问题之后，
认真思考10秒之后答复我。
好，我要提问了哈。

내가 질문을 하나 할 건데
이 질문을 읽고서 10초간 답을 진지하게 생각해보는 거야.
자, 질문 나온다.

如果你可以成为透明人的话,
你最想做的3件事是什么?

네가 투명인간이 될 수 있다면
하고 싶은 일 3가지만 떠올려 봐.

怎么样?

어때?

善良的事一个都想不起来吧?

선한 생각이 단 한 개도 떠오르지 않지?

再次证明我们内心有着强烈无法
抗拒的"恶"的本性。

이토록 우리 안에 거부할 수 없는
'악함'의 본성이 있어

只要我们手握一点机会或权力的话,

우리에게 조금이라도 기회와 권력이 생기게 되면

连我自己都认为不该有的想法也
会突然间涌上心头。

나조차도 옳지 않다고 여기는 일들에 대한 마음이 불쑥 솟아오르지

《圣经》把它叫做
罪,

성경은 이것을 죄라고 말하고

这就是阻碍我们幸福的第一种苦。

이게 바로 우리의 행복을 가로막는 첫 번째 비참함이야.

누구나 다 죄 짓고 사는 세상인걸

(在生活中,谁能不犯罪呢?)

**"没有吧...要是恶毒的心让
生活变得苦的话,
那又会有多苦啊..."**

"에이... 그냥 악한 마음이 삶을 비참하게 만들면
또 얼마나 비참하게 만든다고..."

你觉得是这样吗?
那就让我们一起来讨论一下

그래? 한 번 같이 볼까?

MY DREAM

每个人都有想要实现的梦想。

다들 각자 이루고 싶은 꿈들이 있을 거야

但因我们会犯罪，
我的梦想反而会成为我的绊脚石。

그런데, 죄 때문에 그 꿈이 오히려
내 목을 조를 수도 있어

嗯？你在说什么呢？

엥? 무슨 소리냐고?

要是梦想成真的话，
我们就会产生新的力量

꿈을 이루면 우리에겐 힘이 생기게 돼

当在公司里职位升高时，
"雇打下手"的力量成
为受关注的事情时产生"名气"的力量
当考上好大学时，
就会产生"名牌大学生"的力量。
更别说是赚了大钱的时候了。

높은 위치에 올라가면 '아랫사람을 두는' 힘이
주목 받는 일을 하게 되면 '명성'이라는 힘이
좋은 대학에 합격하면 '명문대생'이라는 힘이 생기지.
돈을 많이 벌었을 땐 말할 것도 없고

但我能保证只将那权利
用在该用的地方吗？

그런데 나는 그 힘을 올바른 곳에만 쓴다고
말할 수 있을까?

当然能堂堂正正地说出

당당하게

的话是最好的

라고 말할 수 있으면 좋겠지만

너가 누군지 알아?!

지잡대 출신이 뭘 알아?

사는 것들이 다 똑같지 뭐

저 어느

걸로이면 자살함ㅋㅋㅋ

**目前，我们可以从新闻和
周围仍能轻易看到沉
醉在这力量中，
并发出恶毒声音的人。**

이미 오늘도 뉴스와 우리 주변에는 이 힘에 취해서
자신의 악함을 내뿜는 사람들을 쉽게 볼 수 있어

너 아니어도 사귈 사람 많아

말 한 마디면 너

쪽에서 끝장낼 수 있어

열받냐? 싸움도 못하는게

正如我们从透明人的提问中
发现的一样,

투명인간의 질문에서 우리가 발견한 것처럼

我们内心充满了罪恶的心。

우리 안에는 죄를 향한 마음이 가득하지

如果我内心充满的罪恶通过力
量得到发泄的机会的话...

그렇게 내 안에 가득한 죄가 힘을 통해서
발산할 기회를 얻게 된다면...

我都不敢想象自己会变成什么样的人

나 스스로도 내가 어떤 사람이 될지
함부로 짐작하기 힘들지

当梦想成真后，
看到那些因无法控制因梦想而

꿈을 이루었다가 그 꿈으로 생긴 힘을
주체하지 못하는 사람들을 보면

产生的力量的人们的时候会想，
要是他们没能实现梦想，
也许会更幸福些。

이들은 차라리 꿈을 이루지 못했다면
더 행복했을 수도 있었을 거란 생각이 들어

是的，我们心中的"罪"将
我们的梦想也变成了毒药。

그래, 우리 안의 '죄'는
이렇게 우리의 꿈마저도 독으로 바꿔놓지

**不仅如此,
罪还会在我们里面引发无穷的贪欲。**

그뿐 아니라 죄는 우리 안에서 끝없는
욕심을 불러 일으키는데...

就这样把我们的生活推入深渊之中。

이게 우리 삶을 구렁텅이로 몰아넣지.

在前面对幸福的解释的时候

앞에서 행복을 이야기할 때

人们不是很多时候在
'自己所拥有的事物'
中寻找幸福嘛

사람들은 '소유'에서
행복을 찾을 때가 많다는 걸 발견했잖아

내가 돈만 있었어도..
애인이 있었으면....
내 목표만 이룬다면
난 이렇게
살지 않을거야.

(要是我有钱的话...
如果我有男(女)朋友的话...
要是我实现目标的话,
我就不用像现在这样活了。)

问题就是,

문제는 그거지

人们的欲望真的能被填满吗?

과연 인간의 욕심을 채우는 것은 가능할까?

在新闻中经常看到有吃有穿的人犯法

뉴스에서 먹고 살만한 사람들이
범죄를 저지르는 걸 종종 볼 때

(贿赂，贪污，各种不正之风……)

我们会诧异

우리는 좀 의아해

吃好穿好的人为啥要那样？

먹고 살만한 양반들이 왜 저런담??

我有自信要是像他那么
有钱的话就不会贪心

내가 쟤만큼 돈이 있으면 욕심 안 부릴 자신 있는뎅

（仅凭那一点就会觉得大满足）

왈왈멍멍("噗噗噗")

嗯,
你在放屁呢

응. 개소리

赚1亿的人羡慕赚10亿的人

1억을 버는 사람은 10억 버는 사람이 부럽고

赚10亿的人羡慕赚100亿的人...

10억을 버는 사람은 100억 버는 사람이 부럽고...

第3名羡慕第2名
第2名羡慕第1名
第1名渴望永远保持

3등은 2등이 탐나고
2등은 1등이 탐나고
1등은 안정이 탐나고...

有些人说自己没有野心,
比起彩票第一名反而更喜欢第二名

어떤 사람은 욕심이 없어서
로또 1등보다는 2등이 좋다지만

(廉洁 清白)

但要是谁告诉你彩票的头奖号码,
那么故意错写号码的人究竟有多少呢?

만약 로또 1등 번호를 누가 알려준다면
일부러 번호를 틀릴 사람은 과연 몇이나 될까?

이번주 로또 정답은……

(这周彩票的正确
答案是…)

(充满好奇心)

百货商店的顶层有VVIP房间

백화점 꼭대기 층엔 VVIP들이 있대

说明他们是很有钱的人。

그리고 그들은 부유한 사람들이라지

'废话，不然呢?...'

'뭔 당연한 소리를...'

废话?
不一定呢...

당연한 소리?
글쎄...

拥有的越多的人
为了寻找其他更多的东西从而成为了VVIP

많은 것을 가진 사람이
또, 더 많은 것을 찾아 헤매다 VVIP가 되었다는 건

그리고 어울릴
치마... 가방...
신발...
양말...
시계
(还得要有搭配的
裙子...包包...
鞋子...袜子...
手表)

조끼랑 어울릴
티도 사야지
(还得买跟马甲
搭配的T恤呢)

조끼를
사야지 (得买背心)

백화점 VVIP는 못해도
쇼핑몰 VVIP가 된다.
(即使不能成为百货商店的VVIP
也得成为网购中心的VVIP)

大家不觉得这是像是在
大口大口的喝海水吗?

마치 바닷물을 퍼마시는 일 같지 않아?

不仅仅只是在占有欲上，
这点在成就欲上也会成为诅咒，

소유뿐만이 아니야
성취에 있어서도 욕망은 저주가 돼

‘要成为最棒的!'
‘再大声一点! 再高一点!'
‘要比别人更多一些!'

‘최고가 되어야 해!'
‘더 크게! 더 높이!'
‘남들보다 더 많이!'

小小的成就的意义给我们带来确是毒,

작은 성취가 주는 보람이란 마약 때문에

(成就感)

让我们不断地驱赶自我,

우리는 끝없이 스스로를 몰아가지

最终我们向着无法达到的
满足不停息的奔跑着

결국 우리는 도달할 수 없는 만족을 향해서
도달할 수 있다고 믿으며 달려가는 거야

罪的产物不仅仅只有欲望

죄의 결과물은 욕망뿐만이 아니야

罪恶感又该怎么办...

죄책감은 또 어떻고…

正如你们所说的，
我们心里有不可抗拒的犯罪的心理

이야기했듯이 우리 안에는 거부할 수 없는
죄성이 있기에…

在你们过去的生活中，
相信必定有过错误的选择。

너희들의 과거 중 언젠가 한 번은
잘못된 삶의 선택을 한 적이 있을 거야

并且，我们会因那些错误选择而内疚。

그리고 그 선택들은 우리에게 죄책이 되어 다가오지

'要是那件事被我周围的人知道了怎么办?'

'그 일을 내 주변 사람들이 알게 되면 어떡하지?'

·

"如果受害者还怀恨在心的话?'

'아직 피해자가 원한을 가지고 있으면?'

·

'要是因为那件事突然对我造成伤害的话?'

'그 일 때문에 갑자기 나에게 피해가 오게되면?'

虽然对处理那之后的事抱有恐惧感,

이렇게 뒷감당에 대한 두려움도 있겠지만

但是对自身的羞耻和
失望感也是相当之大。

자기 스스로에 대한 수치와 실망감도 어마어마하지

我们也经常能看到因为这个
罪责而失去生活中所有幸福的人。

그리고 이 죄책으로 삶의 모든 행복을 날려버린 사람들을
우리는 쉽게 볼 수 있지

欲望，只有罪恶感吗？

욕망, 죄책 이뿐인가?

因我们都是软弱的人聚在一起，
所以经常也会发生争吵，

각자 죄를 품은 사람들이 모이다 보니까
빈번하게 다툼도 일어나고

在这过程中
自然也会产生憎恶和厌恶

그 와중에 증오와 미움이 발생하기도 하고

(我们离婚吧。
作为朋友，你真不怎么样。
真不想跟你一起做事。
对你太失望了。
太没有能力了啊)

也会说出伤害他人的关系的话，

다른 사람의 죄에 상처받는 관계의 문제도 일어나지

把个人的罪聚集在一起,
就会产生巨大的结构性恶。

거기에 개인의 죄들이 모여
어마어마한 구조적 악이 탄생하기도 하지

（大家都是那样做的。）

다〜들 그렇게 하는 거야

（呵呵）

ㅋㅋㅋㅋㅋ
ㅋㅋㅋ

（呵呵）

ㅋㅋㅋㅋ
ㅋㅋㅋ

没错，夹在我们生活中的罪
并不是单纯的缺点，
而是让我们生活悲惨的存在

맞아, 우리 삶에 낀 죄는 단순한 단점을 넘어서
우리 삶을 비참하게 만드는 존재야

那么，

그런데

让我们的人生比罪还要
悲惨的事情是什么呢?

죄 이상으로 우리 삶을
비참하게 만드는 것이 있다면?

小组分享
소그룹 나눔 질문

- 在我里面最大的恶是什么? 我能否一生都抑制住那软弱的部分?

  내 안의 가장 큰 악함은 무엇일까? 그리고 나는 그 악함을 평생 잘 억제할 수 있을까?

  _____

  _____

- 俗世上的人制造的恶的后果是什么?

  세상에 사람들이 만들어 놓은 악함의 결과는 무엇이 있을까?

  _____

  _____

- 我对什么欲望最强烈呢? 当填满了多少以后,我真的能满足吗?

  나는 무엇에 대한 욕심이 가장 강할까? 어느 정도 채운 후 나는 정말 만족할 수 있을까?

  _____

  _____

- 让我最痛苦的人际关系是什么?那时,人的软弱起到了什么作用?

  나를 가장 아프게 한 인간관계는 어떤 것이었을까? 그 때, 사람의 악함은 어떤 역할을 했었나?

  _____

  _____

3篇
3부

我们几乎从来没想过要打扫衣柜上堆积的灰尘。
因为那高度和宽度让人可以窒息，
导致人们不敢轻易地尝试去打扫。

장롱 위를 청소한 적이 거의 없었다.
그 높이와 넓이가 너무 막막한지라
건드릴 엄두도 못 내었다.

所以，人们试图将它推到一边，尽量去忘掉它。
因为把经力投到其他的事情上的时候，
就自然会忘记这事。

그래서, 그냥 애써 미뤄두고 잊으려 했다.
그냥 다른 일에 집중하다 보면
굳이 생각나진 않으니까

当某一天我们总是出现干咳的时候，
视线也会自然的朝向那个地方，
之前一直没打扫的衣柜上的灰尘，
也就变成了轻易不能释怀的负担。
或许对我们来说，
死亡就类似于衣柜上面的灰尘一般。

그런데, 그러다가도 시선이 문득 그곳을 향하게 되거나
마른 기침이라도 나오면
내가 미뤄두었던 장롱 위에 대한 막막함이
묵직한 스트레스가 되어 다가온다.
어쩌면 우리에게 죽음은
장롱 위 먼지 같다는 생각이 든다.

某一天
回家的时候

어느 날, 집에 왔는데

发现在这时间段应该在家的突然
妈妈不见了的时候。

이 시간에 계셔야 할 엄마가 안 보이는 거야

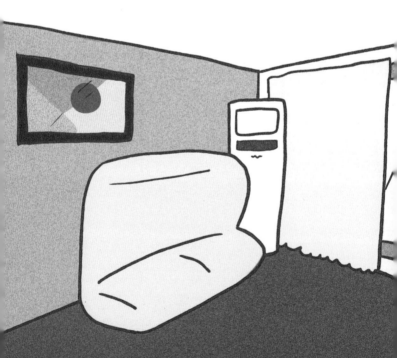

会有种不详的预感，
便打电话给妈妈...

뭔가 안 좋은 기분이 들어 엄마에게 전화를 했는데...

뚜르르루.... (叮铃铃……
뚜르르루.... 叮铃铃…)

"여보세요?"

"喂"

幸好妈妈接了电话

다행히 엄마가 전화를 받았어

"야, 엄마 어디야?"

"喂, 妈你在哪里?"

问的时候掺杂着不烦躁的语气

조금은 짜증 섞이게 물었지

"응, 병원 잠깐 왔어"

"喂，我刚刚来医院了"

"병원? 병원은 왜?"

"医院? 去医院干嘛?"

"응, 검진 좀 받으러.
요즘 아랫배 쪽에
뭔가 단단한 게 만져지네"

"嗯，来医院接受检查。
最近下腹部摸到一个硬硬的东西。"

"... 진짜?"

"……是吗?"

"별거 아니겠지, 뭐 집에 콩나물 국 있으니까 우선 그거 먹고있어."

"不会有什么大事的,
家里有做好的饭菜, 你先吃吧。"

뚝.

"嘟嘟嘟。"

当挂完这个电话的时候,
你的心情又会怎样?

이 통화를 마친 너의 기분은 어떨까?

从那时候开始可能会陷入既沉重又
严肃的心情中。

그때부터 아마 굉장히 무겁고도 심각한 기분에
빠지게 될 거야

那就是苦的第二个原因

그건 바로 비참함의 두 번째 원인

의 그림자를 느꼈기 때문일 거야

因为感受到了死亡的影子

之前在网上看过一个小故事

인터넷에서 이런 이야기를 본 적이 있어

有一天,
7岁的儿子突然哭着来找妈妈

어느 날, 7살 난 아들이 갑자기 엄마를 찾더래

问他为什么哭，也不说。

왜 우냐고 물으니 대답도 못하고

(嘤嘤嘤)

却一直不停的哭

자꾸 울기만 하더래

好不容易停止哭泣安静
下来的孩子问妈妈，

겨우 진정된 아이가 엄마에게 물었다고 하네

"妈妈…
妈妈也会死吗?"

"엄마, 엄마도 죽어?"

小孩第一次意识到了死亡的存在

이 어린아이가 죽음이란 존재에 대해서 처음 인지하기 시작한 거지

结果妈妈还是冷静地

결국 엄마는 차분히

'孩子，谁都会死，
妈妈也一样'

对他说

라고 말했더니

110

孩子直到第二天也没吃饭,
就一直的哭,

아이가 그다음 날까지 밥도 먹지 않고 울었다고 해

应该是感受到了前所未
有的恐惧和挫折吧。

아마 그제껏 느껴보지 못한
가장 큰 크기의 공포와 좌절을 느꼈겠지

对看起来一切皆都可能的妈妈来说,
也会有克服不了的问题。

모든 걸 할 수 있어 보이는 엄마에게
극복하지 못하는 문제가 있다는 사실

永远将会和自己在一起的妈妈

그리고 무엇보다 당연히 나와 평생 함께할 줄 알았던 엄마와

也终会有一天要分别的事实

언젠가는 이별해야 한다는 사실

这对于一个年仅7岁的孩子来说，
是相当难以接受的事实。

이것이 그 7살 아이에게는 참 받아들이기 힘들었을 거야

怎么样?
是因为年纪小才害怕吗?

어때?
어린애 아니랄까봐 겁도 많지?

不是的...
其实我们都很害怕死亡这个问题。

아니지
사실 우리도 죽음이란 문제가 너무너무 두렵거든

世上任何幸福和计划在
死亡面前都变得渺小

세상 그 어떤 행복과 계획도
죽음 앞에선 허무해지니까

当提到前面的罪和欲望
所带来的痛苦的时候

앞에서 죄와 욕망이 주는 고통에 대해서 이야기할 때

"我没有任何野心，
只要能和心爱的家人在一起就是幸福。"

"나는 그 어떤 욕망도 없어요. 사랑하는 가족과 함께라면 행복한 걸요."

应该会有人会这么想。

라고 생각한 사람도 있을거야

但是，要是我们不能忘记死亡的存在，

그러나 우리에게
사망이란 존재가 있다는 걸 기억한다면

知道这幸福的最终是有多痛心了吧

이 행복의 마지막이 얼마나 가슴 아픈지도 알게 되겠지

死亡不仅是离别,
并会瞬间扼杀我的一切。

사망은 이별뿐만 아니라
나의 모든 것을 순식간에 앗아가지

或许今天有人会出车祸

아마 오늘도 누군가는 도로에서 목숨을 잃었을 거야

他们之中谁能知道自己死亡的那天呢?

이들 중 과연 누가 그날의 죽음을 예견했을까?

这些人原来拥有的计划，梦想，人际关系
这一切又将有什么用处呢?

이 사람들이 가지고 있던 계획, 꿈, 인간관계
이 모든 게 무슨 소용일까

更令我们恐惧的是
终结这一切幸福的死亡

더 우리에게 공포를 주는 건
이 모든 행복을 종결시키는 그 사망이

1.不知道会怎么来

1. 어떻게 올지도 모르고

2.不知道什么时候会来

2. 언제 올지도 모르고

最重要的是...

무엇보다...

3.在那之后会发生什么事

3. 그다음에 무엇이 있는지 아무도 모른다는 것

"이렇게 멀쩡히
생각하는 내가
사라진다고?"

"此时此刻还健全的我将会消?"

以上所述的给于我们的恐惧是
不能被无视的。

이것들이 우리에게 주는 두려움은 어마어마하지

所以我们在这巨大的恐惧面前
想尽办法去逃避。

그래서 우리는 이 큰 두려움 앞에서
애써 고개를 돌리곤 해

然后埋头于现在的人生，
努力去摆脱这个苦恼。

그리곤 현재의 삶에 몰두함으로써
애써 이 고민에서 벗어나려 노력하지

바쁘게 살다보면
죽음에 대해
생각할 여유도
없어..

(如果生活忙碌的话，
就连想死的时间都没有...)

然后，

그런데 그러다가

**当像第一个例子中提到的"体检"一样，
感受到死亡的气息时，**

처음 예로 든 '건강검진'처럼
죽음의 인기척을 느끼게 되면

我们将会在忘却的恐惧中挣扎着生活。

우리는 잊고 살던 공포 속에 허덕이게 되지

好，让我们一起回到第一部向你们
提问的第问题吧!

자, 1부에서 너희들에게 했던 첫 질문으로
다시 돌아가볼게

人果真能幸福吗?

사람은 과연 행복할 수 있을까?

我将会把这答案很
残忍且很明确告诉你,

여기에 대한 답을
잔인하고도 명확하게 알려줄게

不可能!

불가능해

只要我们的生活中存在着
‘罪’和‘死亡’

우리 삶에 ‘죄’와 ‘죽음’이 존재하는 한

길 _ god

◀◀ ▶ ▶▶

希望大家有时间的时候能听歌手
god的'路'这首歌

한 번쯤 시간이 되면
가수 god의 '길'이란 노래를 들어봤으면 좋겠어

这首歌出现在清一色的
爱情歌曲的歌坛里，
尽管现在也是如此，

이 곡의 등장은 지금도 마찬가지지만,
사랑 노래 일색인 가요계에

它传达给听众的信息却是前所未有的。

굉장히 희한한 메시지를 전해준 사건이었어

"我现在走的这条路是对的吗?
当重走这条路的时候,我能幸福吗?
到底是什么使人们感到幸福呢?"

"내가 걷고 있는 이 길이 맞을까
이 길을 계속 걸어갈 때 나는 행복할 수 있을까
도대체 무엇이 사람을 행복하게 하는 걸까"

这歌词里包含了全世界的歌手
和作曲家的告白

세상의 모든 것을 가진 것처럼 보이는
가수와 작곡가의 고백이었지

歌词里刻画的故事引起了
社会的巨大关注和人气。

이 곡에 담긴 이야기는 엄청난 주목과 인기를 끌었어

歌谣节目7次1位，2001年KBS，MBC，
SBS大赏，2001年金唱片唱片大赏

가요프로그램 7회 1위, 2001년 KBS, MBC, SBS대상,
2001년 골든디스크 음반대상

这首歌获得成功的原因是什么呢？

이유가 무엇이었을까?

야! 솔직히 지금 행복해?
우리가 지금 꾸는 꿈을, 모두
이룬다고 우리가 행복해질까?
인생은 이렇게 그냥
달려가면 되는 걸까?

嘿!说实话你现在幸福吗?
当我们目前所有梦想和全部都实现的话,
我们可以幸福吗?
人生就这样一直往前跑就可以了吗?

"事实上,
幸福不是不可能达到的吗?"

'사실 행복은 도달할 수 없는 것 아닐까?'

也许是说出了所有人对自己不敢说的实话。

하는 모두가 가지고 있던 비밀 같은 두려움을
이야기했기 때문일 거야

甚至其中也包括了表面上拥有了一切的人气歌手。

심지어 모든 걸 가진 것처럼 보이는 유명 가수가 말이지

但是,
据说这本书不是给你们介绍基督教的书吗?

그런데, 이 책은 너희에게 기독교를 소개해 주는 책이라 했잖아

可是我却为什么一直在讲毁坏你们幸福的故事呢?

근데 왜 나는 기껏 너희들의 행복을
부수는 이야기만 했을까?

那是因为...

그건 바로...

正是因为基督教是讲解决
"罪"和"死亡"问题的宗教。

기독교는 '죄'와 '사망'의 해결을
이야기하는 종교이기 때문이야

所以我希望你能真正认识基督教

그래서 나는 너가 기독교를 알아보면 좋겠어

无论是高兴，
还是在苦难或在死亡中，
都无法成为完整地喜悦。

그 어떤 기쁨도 죄와 사망 안에서는
온전한 기쁨이 되지 못하고

记住有人因它的挫折而毁掉人生，
或做出错误的选择的人。

그것에 대한 좌절 때문에 삶을 망치고
잘못된 선택을 하는 사람이 있는 걸 기억해봐

因此, 基督教是比就业, 结婚,
未来更现实的问题。

그렇다면, 기독교는 취업, 결혼, 진로보다도
더 현실적인 이야기야

然后，
我想记录下我们该去怎么解决这个问题

그리고 이 해결에 대한 이야기는
우리의 대화로 남기고 싶어

你要是同意我们生活也是苦的话，
并想解决这个问题的话，
你最好去身边的教会里寻求那答案。

우리의 삶이 비참하다는 이야기에 동의가 된다면, 그리고
그 해결이 궁금하다면, 교회의 문을 두드려주면 좋겠어

基督教并不是为了束缚你，
也不是为了给生活
增添负担，而是比谁都了解你艰难的人生。

기독교는 속박을 하기 위한 곳도 아니고
삶에 짐을 더하기 위한 곳도 아니고
힘든 너의 삶을 누구보다 잘 이해하는 곳이야

因厌烦自己所犯的罪和死亡而抛弃自己的一切，
是一个将你的故事珍藏如宝来对待且
一直等待你到来的地方。

네가 겪고 있는 죄와 사망이 싫어서
자신의 모든 걸 버린 누군가의 이야기를
아주 보물같이 간직하면서
너에게 들려주기만을 기다리는 곳.

我在这里恳切地希望你的脚步
能到达教会的门槛，

이곳에 너의 발길이 닿기를 간절히 바랄게

让你翻过一天天苦生活的篇章,
慰藉你的生活

하루하루 비참한 삶의 페이지를
넘기고 있는 너의 삶을 위로하며

fin.

小组分享
소그룹 나눔 질문

· 要是今天入睡之后听到再也醒不过来的话, 会是什
  么心情呢?

  오늘 잠에 들고 다시는 깨어나지 못할 거라는 말을 듣는다면 어떤 기분인
  가?

· 绝对不想以死来离别的人是谁 ? 那个愿望不能实现
  的可能性是?

  절대 죽음으로 이별하고 싶지 않은 사람은 누구인가? 그 소망이 이루어지
  지 않을 가능성은?

· 当我想到自己会消失时, 会是什么心情? 试想, 要是
  那已是不可回避的事实的话。

  내가 소멸한다고 생각했을 때 어떤 마음이 드는가? 정말 그 상황이 코 앞
  에 다가왔다고 생각해보자.

后记
에필로그

欢迎你读到本书的最后一页。
你是抱着怎么的心情读这本书的呢?

마지막 장까지 도착한 당신을 환영합니다.
어떤 마음으로 당신은 이 글을 읽으셨나요?

虽然书名上写着"基督教的故事"但实际上,
大家应该都能发现书中几乎没有多少是有关于基督教的故事。

사실 책 제목엔 '기독교 이야기'라고 적혀있지만
실제로는 기독교 이야기가 거의 없는 것을 보셨을 겁니다.

我之所以把这本模棱两可的书出版的原因
是因为我想把下一句话告诉你。

이 모순적인 책이 만들어진 이유는
다음 한 문장을 당신에게 말하고 싶기 때문입니다.

"在我们的人生必需的是什么。"

'우리 삶엔 무언가가 필요하다.'

当今电视里所报道的,
大多数是让我们皱眉的新闻。
今天在我们呼吸的空气中
会有因在悲痛的事情上流下的眼泪被气化。

오늘도 뉴스에는 우리의 눈을 찌푸리게 하는 기사가 넘치고
오늘도 우리가 숨쉬는 공기 중에는
누군가 고통스런 일에 흘린 눈물이 기화되어 있습니다.

或许, 实际上
你也是生活在痛苦之中。

어쩌면, 당신은 실제로 이러한 고통 가운데 거하는 사람일 수도 있겠군요.

是的。
罪与死亡就这样源源不断地
提醒我们它的存在。

그렇습니다. 죄와 사망은 이렇게 끊임없이
자신의 존재를 우리에게 알립니다.

至此我们就需要些'什么'。
基督教故事的起点就是，
从恢复"灵上的饥饿"开始。

그래서 우리는 '무언가'가 필요합니다.
기독교 이야기의 시작점은,
바로 이 '영적 허기'를 회복하는 데서 출발해야 한다고 생각합니다.

之前一直不敢直视的
我们生活的苦痛和局限，
我热切的期盼着，
通过本书你能发现'原来我缺少了点什么啊'

그동안 외면하고 있던
우리 삶의 고통과 한계를 직면하고
'나에겐 무언가 결핍되어 있었구나'라고 당신이 느끼기를
이 작은 책은 간절히 소망하고 있습니다.

还有我那缺少的部分其实就是耶稣。

그리고 저는 그 무언가를 예수라고 생각합니다.

但, 如果你
找到了能代替耶稣的那缺少的部分的话，
那我也只能同意你。
因为那并不是我随意能改变的。

그런데, 만약 당신이
예수 대신 그 무언가가 되어줄 것을 찾았다면,
그건 그거대로 인정해 드리고 싶습니다.
제가 어찌할 수 있는 일은 아니니까요.

但有一天，
你要是觉得不对的话
不要尴尬, 也不用害羞
希望你能随时在耶稣里面找到那答案。

그래도 언젠가,
거기가 아니었나 싶으시거든
뒤통수 긁적이시지 않아도 되고 수줍어하지 않으셔도 되니
언제든 예수 안에서 답을 찾아보시길 바랍니다.

无论是今天, 还是明天
安慰我们因罪和死亡而苦苦挣扎的人生。

오늘도, 내일도
죄와 죽음으로 허덕여야 할 우리의 삶을 위로하며.

– 덕정의 군종실에서 차성진

여러분에게 '똥·기'를 추천합니다!!

추상적이고 형이상학적 요소가 전혀 없는, 그러나 전혀 가볍지 않은 복음을 듣고 싶은 사람들은 화장실에 갈 때 이 책을 가져가라. 화장실에서 나올 때, 복음에 대한 여러분의 이해는 화장실에 들어갈 때의 그것과 완전히 달라져 있을 것이다.

_김관성 목사(행신침례교회 담임, 『본질이 이긴다』 저자)

기독교가 '개독교, 개똥' 취급을 받는 참담한 현실에 던지는 도전장 같다. 기독교를 똥 취급하던 이들이, 똥 싸면서 넘겨보다 급하게 똥 닦고 나와 정독하게 될 '매력 넘치는' 책이다.

_김동문 목사(해외 선교사, 『중근동의 눈으로 읽는 성경』 저자)

이 책은 여느 전도지 내용처럼 함부로 지옥으로 겁을 주거나, 대책 없이 하나님의 사랑이나 천국 같은 추상적 개념을 던지지 않는다. 그 대신, 저자는 인생을 비참하게 만드는 것들에 관한 이야기를 담담히 건넨다. 그 비참함이 우리 능력으로는 도저히 해결할 수 없는 문제라는 냉엄한 첨언과 함께. 결과적으로 독자는 복잡한 교리에 앞서, 도대체 기독교가 뭘 해결하려고 하는 종교인지 명료하게 이해할 수 있을 것이다. 게다가 곳곳에서 얼굴을 들이미는 캐릭터들은 시종일관 귀엽고 몰입감 넘치기까지 하다.

_김민석 작가(웹툰 작가, 『교회를 부탁해』 저자)

실제 사역 현장에서 마주한 영혼들을 향한 간절함이 책장마다 묻어난다. 불이 난 집에서 곤히 잠든 아이를 흔들어 깨우는 듯한 저자의 안타까운 마음이, 이 책을 통해 많은 사람이 복음을 만나고 경험하는 계기로 열매 맺기를 소망한다.

_**김성일 목사**(26대 한국군종목사단장)

우리는 매일 똥을 싼다. 이걸 못하면 큰일 난다. 기독교도 그렇다. 죽은 뒤 천상에서뿐 아니라, 똥 싸듯 매일매일에 의미와 재미를 부여하는 삶의 이유이자 세계관이기 때문이다. 그래서 진짜 삶에 대한 진짜 답변을 원한다면, 기독교를 만나야 한다. 이 작은 책이 그 어려운 걸 해냈다.

_**김형국 목사**(하나복DNA네트워크 대표)

똥기 1탄
똥 싸면서 읽는 기독교 이야기(한중판)

초판 1쇄 인쇄   2021년 10월 8일
초판 1쇄 발행   2021년 10월 15일

지은이 차성진
그린이 이단비
펴낸이 정선숙

펴낸곳 협동조합 아바서원
등록 제 274251-0007344
주소 경기도 고양시 덕양구 삼원로51 원흥줌하이필드 606호
전화 02-388-7944 **팩스** 02-389-7944
이메일 abbabooks@hanmail.net

ISBN 979-11-90376-42-6(03230)

잘못 만들어진 책은 구입한 곳에서 교환해 드립니다.